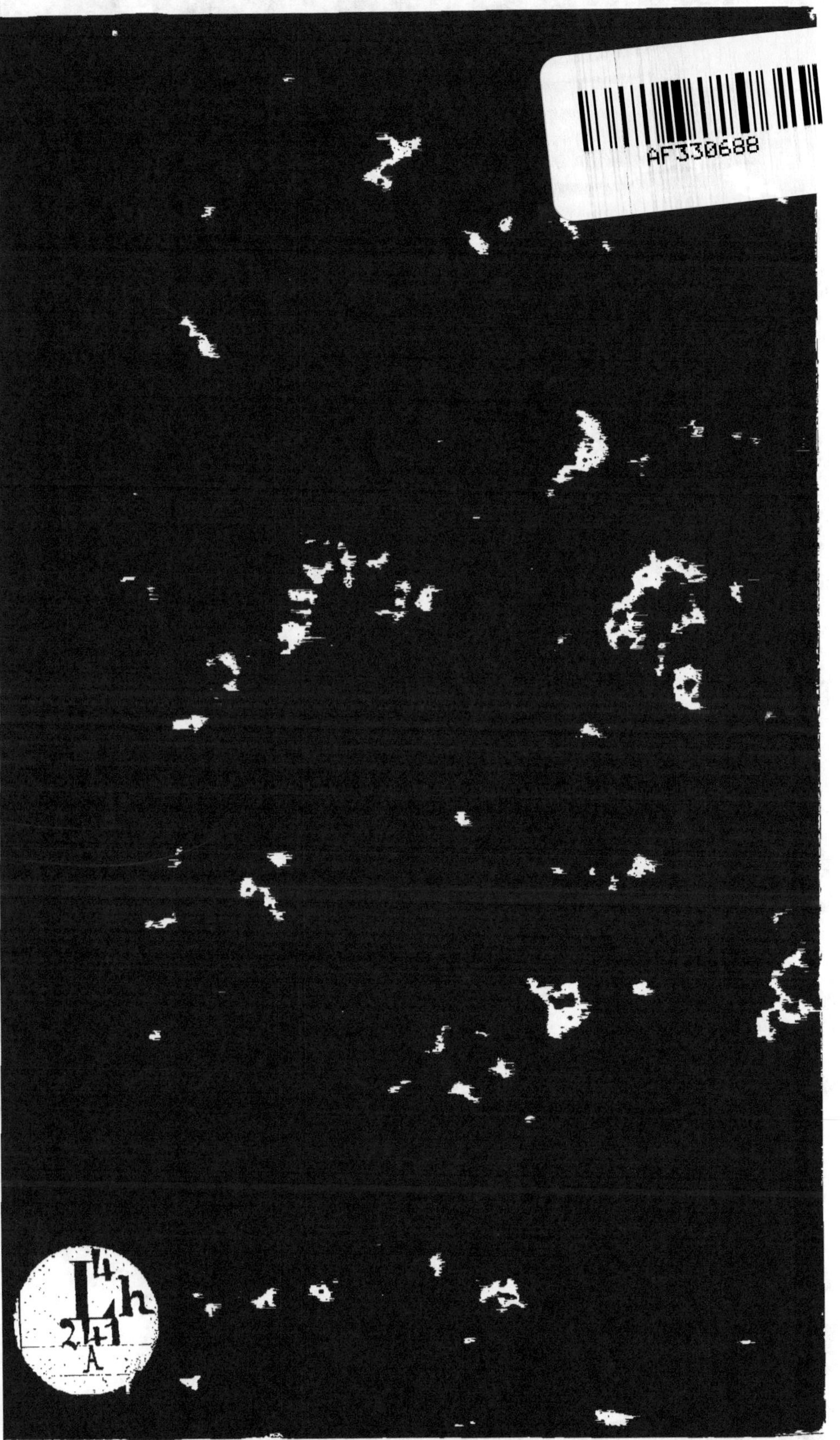

4.

L h

2 1.

A.

CRITIQUE

HISTORIQUE

DE L'HISTOIRE DE NAPOLÉON ET DE LA GRANDE-ARMÉE.

SE TROUVE AUSSI CHEZ

*X. Renaudière, fils aîné, et C*ie,

Montagne de la Cour, n° 731,

A BRUXELLES.

IMPRIMERIE DE P. J. DE MAT,

A BRUXELLES.

CRITIQUE

HISTORIQUE,

AVEC DES OBSERVATIONS LITTÉRAIRES,

SUR L'OUVRAGE DU GÉNÉRAL COMTE DE SÉGUR,

INTITULÉ

HISTOIRE DE NAPOLÉON ET DE LA GRANDE-ARMÉE,
PENDANT L'ANNÉE 1812;

ACCOMPAGNÉE D'ÉCLAIRCISSEMENS ET DE NOTES,
ORNÉE D'UNE CARTE.

PAR ALPHONSE DE BEAUCHAMP,

CHEVALIER DE L'ORDRE ROYAL DE LA LÉGION-D'HONNEUR,

Auteur de l'*Histoire de la guerre de la Vendée*, etc.

BRUXELLES,

P. J. DE MAT, A LA LIBRAIRIE FRANÇAISE ET ÉTRANGÈRE,
GRANDE PLACE, N° 1188.

MDCCCXXV.

CONSIDÉRATIONS

PRÉLIMINAIRES.

L'EXPÉDITION de Russie, en 1812, a renouvelé la face de la terre ; en renversant un colosse de puissance, elle en a raffermi un autre. Appuyé sur une base qui n'a point de limites, le colosse qu'elle a relevé pèse de plus en plus sur l'Europe. De ce choc extraordinaire qui a couvert deux empires de tant de débris, on a vu sortir la reconstruction politique d'une partie du globe : des vieilles monarchies héréditaires, les unes se sont replacées sur le trône, les autres ont recouvré leur puissance et leur éclat après avoir triomphé à main armée, des monarchies nouvelles, leurs rivales, nées du pouvoir révolutionnaire.

Quel intérêt sans bornes, le tableau de cette expédition gigantesque, n'offre-t-il pas à quiconque fut témoin ou acteur de la catastrophe qui fit éclore notre état politique actuel?

De si grands événemens ont toujours enfanté leurs historiens. L'histoire n'étant que l'image des actions dignes d'être offertes aux regards de la postérité, ceux qui les décrivent peuvent être comparés aux poètes et aux acteurs qui, en représentant les princes et les généraux célèbres, s'associent en quelque sorte à leur gloire. Mais les historiens ne sont pas seulement des peintres retraçant vivement les objets, et n'ayant d'autre mérite que de frapper les yeux par une ressemblance fidèle, et par un tableau animé des actions qu'ils reproduisent ; ceux qui osent porter leurs pas dans la carrière des Tacite et des Tite-Live doivent prétendre à une plus noble vocation, celle d'instruire les hommes en leur dévoilant les causes des événemens et leurs suites infaillibles : c'est par là surtout que l'histoire devient l'école des grands capitaines et des hommes d'État.

Où trouver une source d'enseignemens et de méditations plus féconde que cette période d'une seule année et d'une seule campagne, où semblent ménagées comme à dessein toutes les gradations d'une pièce théâtrale ? Et quel drame ! quel personnage ! En abordant des récits d'une si haute importance, que l'historien calcule l'étendue de la tâche qu'il entreprend, et son sujet lui apparaîtra comme une des plus imposantes créations historiques des temps modernes.

L'expédition de Russie n'a pas manqué de narrateurs; sans examiner s'ils se sont élevés à la hauteur de leur sujet, nous allons indiquer les principaux d'entre eux. Le premier qui ait précédé tous ses rivaux dans la lice, M. Eugène Labaume, nous a donné la relation circonstanciée de cette campagne ; il en a sondé le premier toutes les plaies, et en déchirant le voile, il les a montrées encore saignantes aux yeux de ses concitoyens. Son ouvrage, fruit d'une observation peut-être trop rapide, et pour lequel il n'avait pas encore réuni assez d'informations, n'en fut pas moins lu avec avidité.

Cette expédition a été envisagée sous un autre point de vue dans les mémoires pour servir à l'histoire de la guerre entre la France et la Russie, en 1812. Le général Guillaume de Vaudoncourt, reconnu pour en être l'auteur, y développe toutes les opérations militaires de la campagne dont il fait l'apologie, même sous le rapport politique; il abonde en détails qui, peu intéressans et peu curieux pour les lecteurs en général, sont au moins très-propres à satisfaire les tacticiens; il s'ensuit que son ouvrage, moins recherché par les gens du monde, peut n'être pas sans prix pour les hommes de l'art.

Il a été surpassé par l'histoire de l'expédition de Russie, publiée en 1823, et attribuée à M. de Chambray. La narration détaillée de cet officier, qui a été aussi témoin oculaire, est fondée sur les documens les plus certains, recueillis avec discernement et rassemblés avec bonheur; ils forment un ensemble de preuves à l'appui, assez rares dans les historiens même les plus accrédités.

Parmi les étrangers, il nous suffira de citer Vilson, Ker-Porter, et le colonel russe Boutourlin, dont il ne peut qu'être utile de comparer les récits à nos propres relations.

Nous omettons, sur ce même sujet, une foule d'écrits partiels qui offrent plus ou moins d'intérêt.

L'histoire de Napoléon et de la Grande-Armée, en 1812, par le général comte de Ségur, éclipse, en ce moment, du moins par l'éclat de son apparition, tous les ouvrages que nous venons de caractériser. Un succès de ce genre ne pouvait manquer d'attirer l'attention du public, et plus particulièrement celle d'un écrivain qui fait de l'histoire contemporaine l'objet continuel de ses études et de ses travaux.

En réfléchissant sur la vogue d'un livre qui se recommande en quelque sorte par l'illustration attachée au nom que porte son auteur; en lisant d'un côté, dans de certaines feuilles, des éloges outrés et irréfléchis où les prôneurs ne craignent pas de dire que cet ouvrage est plus qu'une Iliade, phrase assurément plus que ridicule; en parcourant de l'autre des critiques amères où perce une malveillance prononcée, nous avons regretté de voir se confirmer de plus en plus une observation que nous faisons depuis long-temps avec peine : c'est que la critique, de bonne foi, est décidément bannie de notre littérature. Mus par ces considérations, nous nous empressâmes de consacrer dans un journal à cette production marquante deux articles raisonnés, dont le succès, fortifié par les excitations de quelques amis de la vérité de l'histoire, nous a engagés à entrer ici dans plus de développemens, à nous livrer à une dissertation plus détaillée, plus utile peut-être, et pour laquelle nous espérons le même accueil du public (1).

Les lecteurs ne trouveront donc ici, ni les préventions de l'esprit de parti, ni des contradictions imaginaires, ni l'envie de déprécier un mérite réel; mais une sage controverse des faits, le rapprochement de circonstances instructives, des remarques propres à remplir quelques lacunes, et avant tout la franchise et le zèle d'un examen impartial. En cela peut-être, donnerons-nous l'exemple d'une véritable indépendance d'opinion qui est le fondement nécessaire de la vérité historique.

Nous devons l'avouer ici, cette indépendance n'existe plus, ni dans la politique, ni dans la littérature. D'une part des souvenirs qui se protégent, des intérêts qui se tendent la main, des amours-propres qui font un échange de

______

(1) A la fin du second article dont il est ici question, nous avions annoncé la brochure que nous offrons aux lecteurs par la phrase suivante :

« Le cadre resserré d'un journal ne nous permettant pas de pousser plus loin notre examen, nous ne renonçons point à revenir incessamment sur ce même sujet dans un écrit plus développé, plus abondant en remarques et en rapprochemens historiques. »

ménagemens réciproques, des médiocrités qui se coalisent pour se servir mutuellement d'appui, des cajoleries que des écrivains, âpres à s'enrichir, prodiguent aux écrivains qui se sont enrichis; d'autre part des haines qui ne se déracinent que lentement; la nécessité de se grouper dans des rangs ennemis pour ne pas rester isolé, le penchant naturel à dénigrer ce qui n'est pas de notre opinion ou de notre parti, toutes ces causes, et beaucoup d'autres du même genre, ont éteint le flambeau de la saine critique. Ce qu'on appelait jadis, avec quelque orgueil et quelque fondement, la république des lettres, d'abord en oligarchie, n'est plus de nos jours qu'une anarchie féodale, où chaque suzerain décoche indistinctement. ses traits contre quiconque ne marche pas sous sa bannière.

Aussi, trompés sur leur propre mérite, prônés dès leur début par l'esprit de parti qui applique à leurs ouvrages les éloges qu'on ne donne intérieurement qu'à leurs opinions, les jeunes auteurs atteignent les nues de leur premier vol, sentent la tête qui leur tourne à une si grande hauteur, et après quelques instans de vogue, n'étant plus soutenus par l'intérêt du moment, tombent bientôt pour ne plus se relever. Et d'ailleurs peut-on encore assigner des rangs et des degrés dans les lettres?

De là encore le manque d'encouragemens réels pour les écrivains studieux et sincères qui, persuadés qu'on ne s'instruit pas avec des déclamations ou du pathos, et que des phi-lippiques virulentes contre les hommes ne peuvent remplacer le récit fidèle des choses, considèrent les événemens sous toutes leurs faces, et par une discussion sage et sans aigreur, s'efforcent de les montrer sous leur véritable point de vue.

Il résulte de ces fâcheuses dispositions, que, loin de s'éclairer, les esprits s'égarent, et que des nuages s'amassent de jour en jour sur l'horizon de notre littérature. Il se forme en France, si je puis le dire, deux corps d'his-toire et de tradition sur les mêmes faits; et la génération qui s'élève n'acquiert qu'une instruction factice, suivant le prisme qu'elle place devant ses yeux. Cependant des deux côtés on invoque Clio, qui, sévère et impas-sible, s'obstine à rester debout au milieu de l'espace qui sépare les deux camps, exposée à toutes les tempêtes.

Il serait temps toutefois que l'on voulût enfin connaître le passé tel qu'il a été fait, et non comme chacun s'efforce de le recréer selon ses intérêts ou ses passions; il serait temps que les écrivains courageux, confians dans nos libertés publiques, ne fussent plus exposés aux vexations de tout genre, suscitées par la ligue de ces hommes qui, ayant exploité les révolutions, ne vantent la clarté que pour avoir le droit de se tenir dans les ténèbres. Il s'acharnent, se déchaînent contre quiconque se voue aux investigations de l'histoire; c'est par mille dégoûts, par des manœuvres sourdes, et en s'efforçant même, par des piéges tendus jusque dans le sanctuaire de la justice, de ravir aux écrivains le secours des lois protectrices, qu'ils ont l'espoir de lasser les éclaireurs de la postérité, si je puis me servir de cette expression, et de les réduire au silence.

Ces hommes s'étaient flattés et ils se flattent encore de pouvoir échapper à ce redoutable témoin du temps (comme Cicéron appelle l'histoire), qui n'est le véritable vengeur des délits publics que lorsqu'il s'érige en justice contemporaine. Si les rois d'Égypte étaient

épouvantés d'avance des jugemens qu'elle pro-
nonçait sur leurs cercueils, combien les grands
coupables, qui croient n'avoir que leur con-
science pour complice de leurs turpitudes et
de leurs crimes politiques, ne doivent-ils pas
s'effrayer de la voir les saisir tout vivans et
briser leur masque au milieu du triomphe de
leur hypocrisie! Cette crainte salutaire n'est-
elle pas un frein plus redoutable, une garantie plus sûre pour la société, que ces lois
muettes qu'éludent les hommes puissans ou
qu'ils forcent à parler pour eux?

C'est en vain qu'ils se débattent : le temps
est venu de discuter des faits et de produire
des révélations qui sont d'une utilité plus
réelle pour les contemporains que pour la postérité. Écrivains, ne vous découragez pas ;
réhabilitez l'histoire parmi nous, après y avoir
relevé la liberté civile et politique ; le temps
est venu d'ailleurs où vous pouvez répéter
avec l'accent de la vérité ces paroles échappées
à Tacite sous le règne du vertueux Nerva :
« Heureux temps où il est permis de dire
» tout ce qu'on pense et de penser tout ce
» qu'on dit! »

DISSERTATION

CRITIQUE ET HISTORIQUE.

J'ai pensé que les considérations préliminaires qu'on vient de lire, serviraient à mieux faire apprécier les motifs qui m'ont porté à présenter au public l'examen critique de l'histoire de M. de Ségur. Avant d'entrer en matière, peut-être dois-je prévenir le lecteur que ce n'est point à une critique minutieuse ni à un jugement passionné qu'il doit s'attendre, mais plutôt à une dissertation d'un genre élevé, conforme au caractère de l'ouvrage qui est ici le sujet de mes observations.

Cet ouvrage fait événement dans le monde et dans la littérature; nous devons même le regarder dans la littérature politique comme une nouveauté. En effet, depuis le renversement du grand empire, depuis la chute de l'homme qu'on s'obstine à nous représenter comme le héros des *souverains parvenus*, nul, soit parmi ses familiers, soit parmi ses généraux intimes, n'avait hasardé d'en renfermer tous les traits dans un cadre vraiment historique, et de le peindre en paroles et en actions au moins avec les apparences de l'impartialité. Cette œuvre difficile avait besoin de l'autorité d'un nom que les lettres et les armes ont également honoré. Loin de nous, l'idée que l'ouvrage de M. le général comte de Ségur, placé dans une position si favorable pour l'écrire, ne mérite pas une grande partie de la vogue publique qu'il obtient en ce moment. Mais il nous appartient de rechercher si la vive curiosité qui s'attache à l'histoire de la grande-armée en 1812, et l'intérêt qu'elle semble inspirer assez généralement, ne naissent pas autant du prestige des objets que du talent de l'écrivain.

Nous en faisons ici l'observation avec une sorte de douleur : serait-il vrai que la dégénération de la littérature, tant signalée de nos jours, étendît ses progrès jusqu'au genre austère de l'histoire, qui s'élève au contraire et grandit dans la dégénération des sociétés? Le général comte de Ségur vient d'ouvrir une nouvelle école pour la narration historique, de même que l'illustre auteur des Martyrs avait créé dans la sphère littéraire une nouvelle muse, dont la muse romantique n'est qu'une fille abâtardie. Nul doute que les novateurs ne se traînent bientôt sur les traces de l'historien, comme ils se sont jetés sur celles du poète, et par une imitation maladroite des écarts que le talent seul peut justifier, n'y recueillent que du ridicule. Nous avons d'autant

plus le droit d'être sévères, que l'auteur, dédaignant de donner à son livre le titre modeste
de mémoires, devenu aujourd'hui si banal, a
embouché dès son début la trompette de Clio.
Le titre, la forme, la division, qu'il a adoptés,
tout justifie notre observation; c'est une relation,
si j'ose m'exprimer ainsi, grandiose et pittoresque. Le romantisme domine dans le style, bien
qu'un grand nombre de pages y soient dignes du
burin sévère de l'histoire. Nous pourrions tirer
de la dédicace même adressée aux vétérans, plusieurs phrases qui confirmeraient notre critique.
Il nous suffira de la citation suivante : « Relevez
» ces nobles fronts sillonnés de toutes les fou-
» dres de l'Europe! » Nous ne nierons point
que cette expression ne pût être admise dans la
haute poésie, mais ici elle nous paraît au moins
un peu emphatique et voisine du pathos. Du
reste, si l'on peut juger le style d'un écrivain
dès les pages mêmes de la dédicace, on ne doit
juger son ouvrage que d'après l'ensemble, et
c'est la marche que nous allons suivre.

Les trois premiers livres forment une sorte
d'introduction ou de préliminaire interminable,
embarrassé dans 136 pages, qui n'offrent au lecteur que de la confusion et un entassement de
faits mal coordonnés; on y découvre un écrivain
encore peu exercé à distribuer ses matériaux et

à établir les proportions de son édifice : cet art est pourtant une des parties les plus essentielles du talent de l'historien ; et, à ce sujet, l'on ne saurait trop recommander à ceux qui débutent dans la carrière, les préceptes et les théories exposés dans une lettre de Fénélon à l'Académie française ; nous croyons qu'il n'est pas hors de propos de les rapporter ici en partie, et de nous appuyer d'une autorité si imposante, surtout dans un temps où l'on semble éviter les occasions d'offrir aux jeunes gens pour modèles, nos auteurs vraiment classiques et par le talent et par la morale. Ce précepteur judicieux, plein de goût, et formé à l'école des anciens, s'exprime en ces termes : « La principale perfection
» de l'histoire consiste dans l'ordre et dans l'ar-
» rangement. Pour parvenir à ce bel ordre, l'his-
» torien doit embrasser et posséder toute son
» histoire ; il doit la voir tout entière comme
» d'une seule vue, en montrer toute l'unité, et
» tirer pour ainsi dire d'une seule source, les
» principaux événemens qui en dépendent. Par
» là, il débrouille, il intéresse, il fait raisonner
» sans faire aucun raisonnement ; il ne laisse ja-
» mais languir, il fait même une narration fa-
» cile à retenir par la liaison des faits..... L'his-
» torien qui a un vrai génie, choisit sur vingt
» endroits celui où un fait sera le mieux placé

» pour répandre la lumière sur tous les autres.
» Souvent un fait montré par avance, de loin
» débrouille tout ce qui le prépare. Souvent un
» autre fait sera mieux dans son jour étant mis
» en arrière ; en se présentant plus tard il vien-
» dra plus à propos pour faire naître d'autres
» événemens. C'est ce que Cicéron compare aux
» soins qu'un homme de bon goût prend pour
» placer de bons tableaux dans un jour avanta-
» geux : *Videtur tanquàm tabulas benè pictas*
» *collocare in bono lumine.* »

On verra par la suite que plusieurs de ces
préceptes trouveront leur application dans les
défauts de l'ouvrage que nous commentons.

Si de l'ordonnance nous revenons au style,
nous remarquerons, sans conséquence et sans
pédantisme, que la première phrase du début
de M. de Ségur est incorrecte ; la voici : « Depuis
» 1807, l'intervalle entre le Rhin et le Niémen
» *était* franchi, et ces deux fleuves rivaux. » On
sent que la répétition du verbe auxiliaire était
indispensable.

Comme la dédicace, cette introduction abonde
en impropriétés de termes ; on y trouve : *des*
étincelles de haine jalouse et impatiente qui
échappent à la jeunesse prussienne ; et la voix
du dix-neuvième siècle, devenu le grand siècle,
qui aurait remplacé la voix d'un nouvel Ho-

mère. Mais ne nous arrêtons point à ces taches trop fréquentes dans un ouvrage d'ailleurs remarquable; passons à l'examen des faits et des événemens.

L'auteur fait observer que, dès l'ouverture de la guerre avec la Russie, Napoléon perdit l'appui de la Turquie et de la Suède par les méprises de sa politique, et qu'il se laissa guider, à l'égard de Bernadotte, devenu prince royal, par ses passions et par d'anciens ressentimens. Mais ici nous croyons devoir relever un fait qui nous semble au moins hasardé. Le général-historien prétend que Bernadotte, pour s'assurer les suffrages des Scandinaves, fit briller à leurs yeux quatorze millions dont son élection enrichirait le trésor de l'État. Eh! bon Dieu, quelle masse d'or! Si Bernadotte n'eût fait que les promettre, le tour ne nous paraîtrait pas impossible de la part d'un personnage né sur les bords de la Garonne, mais dans quel coffre aurait-il puisé quatorze millions, lui qui fut obligé d'emprunter de Napoléon le septième de cette somme pour faire son trousseau de roi!

Selon l'auteur, Bernadotte aurait sacrifié l'avenir de la Suède et son indépendance, en la livrant pour jamais à la foi des Russes. M. de Ségur ne s'est pas donné la peine de peser les circonstances dans lesquelles se trouvait la Suède

et les avantages qu'elle s'assura par son double
traité avec la Russie et l'Angleterre; car elle se
donna bien moins à la première qu'à la seconde
de ces deux puissances.

La Suède, en se faisant garantir la Norwége
par compensation de la perte de la Finlande,
ne sacrifiait ni son avenir ni son indépendance;
bien au contraire, par son alliance avec deux
États du premier ordre, elle assurait cette même
indépendance contre Napoléon, qui, après lui
avoir enlevé la Poméranie, exigeait le sacrifice
absolu de son commerce intérieur, et préten-
dait triter Bernadotte comme un général encore
sous sa tutelle et comme un vassal de son empire. On est fâché de voir le général comte de
Ségur partager encore aujourd'hui les préventions et les exigences de la politique impériale,
que des écrivains intéressés s'efforcent toujours
de préconiser. Il est appelé comme historien à
s'élever à une plus grande hauteur.

Nous regrettons qu'en faisant parler les ministres et les confidens de l'ex-empereur, il ne les
désigne nominativement que par des renvois, et
que souvent même il ne donne sur eux aucune
indication propre à les faire seulement soupçon-
ner. On trouve aussi dans sa narration trop de
faits qui ne sont appuyés que sur des ouï-dire;
la nature de tels documens doit engager l'histo-

rien à ne se prescrire, dans ce cas, que des as-
sertions dubitatives, méthode sage si souvent
employée par les anciens, et par Tacite même.

L'auteur n'apporte que le sceau de son autorité à un fait sur lequel il glisse trop légèrement,
et que je serai à même d'éclaircir d'après des renseignemens positifs ; le voici : Quand Napoléon
eut décidé l'invasion de l'empire russe, il en fit
part à ses ministres, qui presque tous osèrent lui
élever des objections. Le duc de Gaëte s'étendit
d'une manière très-franche sur le vide que les dé-
penses d'une si vaste expédition allaient occasio-
ner dans les finances. « Vous croyez donc, lui
» dit l'empereur, que je ne saurai pas bien à qui
» faire payer les frais de la guerre ? » Veut-on
savoir quelles étaient ses ressources imprévues ?
il ne comptait ni sur des contributions extraor-
dinaires dans le pays ennemi, ni sur de nouveaux
impôts dans son propre empire ; certes il n'était
pas homme à se permettre de tels moyens... Celui qu'il tenait en réserve n'était tout bonnement
que la fabrication de faux billets de banque russes, qui dans la suite, selon M. de Ségur, furent
retrouvés intacts à Vilna, et brûlés par son ordre. Selon d'autres, les vingt-huit caissons, por-
teurs de cette masse de faux billets, après avoir
suivi l'armée à Moscou, furent brûlés dans cette
ville même au moment de l'évacuation. J'ajoute-

rai dans une note des circonstances accessoires qui manquent à un pareil trait dans M. de Sé-gur (1).

Ce général indique aussi quelques-uns des mobiles secrets qui décidèrent Napoléon à courir à l'attaque de la Russie, sans avoir soumis l'Espagne, et toujours dans l'idée qu'une seule bataille suffirait pour en finir de cette nouvelle et hasardeuse expédition. M. de Ségur désigne, sans le nommer, un médecin français qui, après avoir habité long-temps Moscou, entraîna l'empereur, par l'espoir séduisant d'un succès infaillible. Il fait intervenir aussi un seigneur moscovite qu'il ne nomme pas davantage, et qui parvint, dit-il, à persuader à Napoléon, qu'Alexandre se rebuterait devant les difficultés et se laisserait facilement abattre par les revers. J'ai sous les yeux une relation inédite où le médecin français est désigné sous le nom de Millius, et où l'on impute aux suggestions de Speranski, secrétaire intime de l'empereur Alexandre, ce que M. de Ségur attribue aux insinuations du seigneur moscovite.

J'abrégerai les observations sur ces trois premiers livres, pour entrer dans le narré véritable de l'expédition, qui ne commence qu'au quatrième. Ici l'auteur marche avec plus d'assurance

______

(1) *Voyez* à la fin de cette dissertation la note n° Ier,

et de fermeté; les faits nous paraissent mieux enchaînés, les descriptions mieux coloriées, et les aperçus moins vagues. Après avoir disposé avec peu d'art, comme nous l'avons dit, toute son avant-scène, l'auteur aborde le récit de l'action.

Et d'abord il nous montre Napoléon fidèle à sa croyance de la fatalité, n'omettant point de faire quelque allusion à son dogme privilégié, et ne remarquant jamais, sinon sans inquiétude, au moins sans un trouble intérieur, qui se trahissait au dehors par les paroles mêmes qu'il croyait propres à le déguiser, les moindres manifestations de la destinée à son égard. A peine a-t-il passé le Niémen, que son cheval s'abat comme il apparaissait devant la rive du fleuve russe. « Ceci, » s'écrie un officier de sa suite, est d'un mau- » vais présage; un Romain reculerait. » Ce n'est pas tout : on commençait à s'enfoncer dans les sables et les forêts de la Lithuanie, lorsque le tonnerre gronde tout à coup, et déploie ses roulemens sur un espace de cinquante lieues : l'armée est menacée des feux du ciel et accablée de ses torrens *par de lourds et noirs nuages*, selon l'expression de l'auteur : 10,000 chevaux périssent par l'effet des grêlons et des *froides pluies*, présages sinistres, réprobation céleste qui frappe tous les soldats, sans qu'il se mêlât à cette impression profonde aucun sentiment religieux.

Ce sont ces détails frappans qui donnent de l'âme à l'histoire; nous rappellerons ici combien ces accidens, quoique naturels, qui impriment aux hommes une sorte de terreur secrète, même contre le témoignage de leur raison, semblent préparés pour ouvrir la lice des événemens avec une admirable solennité. Les historiens anciens étaient soigneux de recueillir toutes les circonstances de ce genre, qui, dépouillées d'ailleurs d'éxagération superstitieuse, n'en sont pas moins propres à produire les plus vives impressions sur des populations entières. Mais chez les anciens, l'imagination ne décrivait pas seule ces phénomènes imposans; ces hommes d'un vrai génie croyaient du moins aux dieux de leurs ancêtres et de leurs concitoyens; leur intelligence s'humiliait respectueusement devant ce qui devait leur paraître surnaturel; ils communiquaient de cette manière à leurs écrits ce que leur âme sentait vivement, et la piété répandait sur leurs tableaux le charme d'une mélancolie à laquelle le cœur ne pouvait résister. Tite-Live et Xénophon en offrent de fréquens exemples; mais rien ne me paraît présenter un plus grand effet moral causé par un profond attendrissement que la découverte des ossemens des légions de Varus dans Tacite et la description des funérailles de Germanicus.

M. de Ségur ne manque certainement ni de

couleur ni d'énergie; mais, je le demande, si la philosophie moderne n'avait point fait évanouir tous les prestiges sacrés, quelle scène majestueuse il eût offerte à nos yeux, de quelles sublimes émotions il eût affecté nos âmes, en nous montrant, au milieu d'un désert de sable, une armée isolée, en butte à l'aveugle fureur des élémens qui eussent semblé déchaînés par ordre du ciel; et certes, jamais de si funestes augures ne se sont trouvés confirmés par des effets plus déplorables.

Telle était la renommée de Napoléon, qu'elle frappait de terreur les généraux russes, tandis que lui de son côté, ne pouvant les atteindre, accusait ses généraux d'avant-garde d'avoir laissé échapper l'ennemi à Vilna. Là commencent le tâtonnement et l'inaction de l'empereur. M. de Ségur ne nous apprend rien de neuf sur les causes de son hésitation à rétablir la Pologne. On a beaucoup disserté sur ce point, sans songer peut-être que dans Napoléon les grandes mesures politiques n'étaient que des conséquences de ses triomphes militaires, et ne les précédaient jamais. Pour lui, le premier besoin était de combattre et de terrasser l'ennemi; cet homme ne voulait bâtir que derrière la victoire.

M. de Ségur prend un soin particulier de relever l'embonpoint de Napoléon pour nous montrer l'activité de son âme ralentie par un affaiblissement prématuré qui en était la suite. Il affecte même de nous le représenter comme étant d'une constitution maladive, déjà en proie à des maux d'estomac qui lui présageaient la même mort que celle de son père. L'auteur a vu dans ce dépérissement précoce des organes de Napoléon la cause de *nos malheurs*, sans toutefois s'expliquer assez clairement, pour qu'on ne soit point dans le doute, s'il a voulu parler de nos malheurs politiques ou des désastres de la campagne. Nous lui rappellerons que la clarté est le premier devoir d'un historien.

On peut encore lui reprocher d'employer trop souvent l'organe de personnages qu'il ne nomme pas; si c'est pour cause de ménagemens, l'histoire impartiale les exclut.

Nous tenons de M. Paillet de Warcy, ex-officier au 9ᵉ régiment de lanciers, quelques éclaircisse-mens relatifs à des inexactitudes militaires échappées à M. de Ségur, au sujet du combat d'Ostrowno, livré le 25 juillet, et le premier combat remarquable de cette désastreuse campagne. Suivant M. de Ségur, l'honneur de la journée semblerait appartenir tout entier au 8ᵉ régiment de hussards. Sans diminuer la part glorieuse que le 8ᵉ de hussards eut au succès, M. Paillet de Warcy, témoin oculaire, qui rend d'ailleurs

hommage à la valeur des Daumon, des Coetlos-
quet, des Carignan, fait observer qu'après une
première charge, ce corps, ramené vivement par
des forces supérieures, fut obligé d'abandonner
le terrain, et même d'y laisser les pièces de canon
qu'il avait prises, et que ce fut le 9ᵉ de lanciers
qui reprit les pièces sur l'infanterie russe. Ce
dernier régiment se signala tellement, que Murat,
connaisseur en bravoure, déclara qu'il n'avait
jamais vu de la cavalerie charger de l'infanterie
avec plus de courage et de succès, et dit, plein
d'admiration, au colonel Gobrecht : « C'est as-
» sez, colonel ; c'est assez, retirez-vous. »

Comme à Vilna, la victoire à Vitepsk échappe à
Napoléon. En parlant de son entrée dans cette
ville, qu'on trouva déserte, M. de Ségur ajoute :
« Quelques juifs immondes et des jésuites y étaient
» seuls restés. » Ce rapprochement renforcé
d'une ignoble épithète pourrait faire image dans
certains résumés ; mais dans un ouvrage historique, il n'est pas certainement d'un goût pur
et sévère.

Napoléon s'arrête à Vitepsk pour se reconnaî-
tre, et pour rallier ses troupes sur les rives du
Borysthène et de la Düna. Là, selon M. de Ségur,
il prononça devant ses confidens que la campagne de 1812 était finie, et que celle de 1813 ferait
le reste. Mais, était-il bien sincère en trahissant

comme involontairement le secret de ses vues ultérieures? Nous ne le pensons pas : nous croyons même qu'il avait feint de laisser échapper ce demi-aveu, d'une part, pour mieux déguiser ses véritables intentions; de l'autre pour sonder ses entours. S'arrêter sur les frontières de la vieille Russie, s'en tenir à la conquête de la Lithuanie, et transformer cette guerre en une guerre de trois ans, n'était ni dans le caractère ni dans les intérêts de Napoléon, ni même dans le genre de sa tactique militaire. Aucun général des temps modernes n'a semblé avoir eu davantage pour but de réaliser ce vers de Racine :

> Achille va combattre, et triomphe en courant.

Il envisageait toutes ses expéditions comme des pointes sur les capitales ennemies; et d'ailleurs pouvait-il entrer dans ses desseins d'allumer une guerre d'Espagne sur le territoire de la nouvelle Russie, quand la vieille Hespérie, par une lutte héroïque digne de sa résistance d'un siécle contre les Romains, commençait à lasser les aigles impériales fatiguées de la vaincre sans l'avoir soumise?

M. de Ségur avoue qu'à Vitepsk Napoléon n'avait encore vaincu que les lieux et non les hommes, et certes, à mon avis, il n'était nullement nécessaire qu'un de ses maréchaux lui promît le soulèvement des Russes, que Murat l'excitât, et voulût l'entraîner en avant. Après avoir concentré son armée, il sortit de Vitepsk, où il avait d'abord résolu d'hiverner, pour aller, disait-il, hiverner à Smolensk. Là, le fantôme de victoire qu'il poursuivait et qu'il se croyait toujours près de saisir, recula encore devant lui. Il fallait pourtant prendre un parti : franchissait-il le Borysthène ? c'était César devant le Rubicon.

Parmi ses généraux, les avis étaient partagés. M. de Ségur établit une différence entre les généraux intimes, qu'il appelle les généraux de *l'intérieur*, et ceux du dehors et non confidens. Il représente les premiers comme presque tous en opposition à la marche, soit de Vitepsk, soit de Smolensk sur Moscou, marche devenue depuis si fatale. D'un autre côté, il désigne un maréchal d'empire comme poussant l'empereur à franchir toutes les barrières, sans toutefois nommer ce maréchal, et pourtant il est avéré que ce fut Davoust; c'est même à Smolensk et dans un grand conseil de guerre, à ce qu'on assure, qu'il fit décider la question d'aller en avant d'une manière affirmative, soit pour complaire à Napoléon, soit que lui-même se sentît entraîné. J'invite le général comte de Ségur à s'expliquer catégoriquement dans sa seconde édition, sur des circonstances aussi essentielles, où il n'a pas jeté assez de lumière.

Mais si l'on veut se former une image des désordres et des excès de tous genres qui accompagnent l'invasion précipitée de quatre cent mille soldats, qu'on lise cette relation d'une vérité effrayante. On y verra le maraudage converti en impérieuse nécessité, l'art du pillage appris par nos troupes à nos auxiliaires, qui nous surpassèrent brutalement; le génie d'un homme accoutumé à des victoires rapides et à des paix subites, impatient d'en venir aux mains pour en finir plus tôt; on y verra la Russie tout entière reculant devant lui, et la population échappant à ses mains pour lui ravir ses plus puissans moyens de conquête. Enfin l'armée ennemie prend position à Borodino, et Napoléon croit la tenir, car telles furent ses expressions. Là s'engage cette sanglante mêlée, où le champ de bataille fut jonché de cent mille morts ou blessés.

Il faut en lire la description dans l'ouvrage même, d'autant plus que l'auteur le premier y représente : « L'action du génie de Napoléon » comme enchaînée par son corps affaissé sous » le poids de la fatigue et de la fièvre; » ménageant ses réserves, et ne voulant point faire donner sa garde. Tant de sang répandu ce jour-là ne lui laissa pour conquête que le champ de bataille : victoire chèrement achetée et incomplète, selon l'auteur, victoire qu'il appelle *som-*

bre, isolée et sans flatteurs; enfin, victoire de soldats plutôt que de général.

On conteste généralement à M. de Ségur que Napoléon fût malade, souffrant, ou moralement affaibli à Borodino. Je tiens d'un témoin oculaire, d'un homme de sa suite, que dans la nuit même, avant de donner ses ordres, il but du punch, étrange remède! assez en usage pour les gens qui se portent bien. D'autres affirment qu'après avoir fait ses dispositions, il déjeûna de très-bon appétit : on conviendra que ces deux versions ne s'excluent nullement, et qu'au moins notre malade avait pris de sages précautions contre les défaillances; enfin, appuyé sur l'affût d'un canon, il vit commencer et se développer la bataille. Mais admettons pour constant ce que dit l'auteur qui, aussi témoin oculaire, avait d'ailleurs tant de moyens de s'assurer de la vérité : il résultera non-seulement de ce qu'il avance en cette occasion, mais de ce qu'il répète encore dans plusieurs endroits de son livre, que Napoléon était déjà usé pour la guerre dans un âge où les Villars et les Suwarow ne commençaient qu'à signaler la vigueur de leur génie militaire. On a cherché dans les rigueurs du climat et de la température de vaines excuses aux désastres de cette campagne; M. de Ségur le premier a prétexté l'accablement d'une maladie pour sauver la gloire du général en chef; sans me prévaloir du droit que j'aurais peut-être d'exiger un certificat du baron Yvan, chirurgien intime de Napoléon, la nécessité de vaincre et le besoin d'assurer l'avenir d'une si magnifique armée, ne devaient-ils pas triompher de la fièvre elle-même et repousser l'inertie du mal? Je n'ai pas besoin de remonter aux temps anciens pour montrer des généraux impotens faisant porter leur litière dans les rangs pour y fixer encore la victoire; qu'il me suffise de citer le maréchal de Saxe, en proie aux plus cruelles douleurs de la goutte : il vainquit à Fontenoy comme aurait pu faire le général le plus ingambe, et ne vengea ses souffrances que sur nos ennemis.

Ici la tâche de l'historien grandit, et les devoirs du commentateur deviennent plus austères. Le crayon du premier n'a plus à tracer que des esquisses lugubres; le second doit redoubler de sévérité, en demandant compte du sang français au conquérant déchu qui l'avait répandu sans ménagement jusqu'alors, mais qui du moins n'en avait arrosé que des champs de bataille, où la gloire nous était restée fidèle.

L'histoire de l'expédition se divise naturellement en deux parties; dans la première, nous avons suivi Napoléon depuis le Niémen jusqu'à Moscou; c'est la partie ascendante. Avec le second volume, que nous allons examiner, commence

3

le déclin de la fortune du puissant empereur, et
le reste du livre n'est plus que le récit des calamités d'une expédition extravagante. Cette dernière expression choquera sans doute ceux qui,
enthousiastes des vues gigantesques de Napoléon,
persistent à ranger le succès d'une telle campagne
dans l'ordre des choses possibles, et à le regarder
comme le dernier effort pour arriver à la conquête du monde. Mais ce n'est encore là qu'une
illusion enfantée par l'esprit belliqueux qui survit
à la chute du système militaire et envahissant.
Quant à l'opinion que nous émettons ici, et que
nous nous étions déjà formée par la lecture de
plusieurs Mémoires particuliers, et d'après nos
propres observations, loin de la détruire ou même
de l'affaiblir en quelques points, l'ouvrage de M.
de Ségur, écrit avec l'intention et les couleurs de
la vérité, ne fait que la confirmer sous tous les
rapports.

La critique littéraire que nous pourrions exercer sur cette seconde partie ne produirait que
des remarques analogues à celles que nous a four-
nies la première. Dans celle-ci comme dans la pré-
cédente, on aperçoit les mêmes défauts du style,
gâté par l'enflure et trop fréquemment incorrect,
quoique nerveux et partout animé d'un coloris
séduisant. Ne voulant pas, au reste, interrompre
le fil de la discussion historique, nous réservons

pour la fin de notre travail quelques citations qui justifieront ce que nous ne faisons qu'énoncer ici.

Le même embarras se décèle aussi dans la contexture et dans l'ordonnance de la narration. Par exemple, M. de Ségur m'a paru s'élever à toute la hauteur de son sujet dans le premier chapitre du huitième livre; c'est avec une touche vigoureuse, avec un pinceau d'une sombre énergie, qu'il y retrace le tableau solennel d'une population désabusée des victoires imaginaires de ses enfans, se levant en masse pour déserter ses pénates; qu'il nous représente une ville, moitié européenne, moitié asiatique, naguère vivante et animée par ce mélange et ce contraste d'habitans si divers, devenue tout à coup silencieuse, veuve de ses citoyens, livrée à la solitude et à l'abandon. Mais, après une peinture esquissée à si grands traits, l'auteur, dans son troisième chapitre du même livre, revient à tort sur le même sujet avec des couleurs plus pâles pour créer un préliminaire à l'incendie de Moscou. Cette redondance ne pouvait qu'engendrer des détails décousus et des descriptions hors de leur place. On voit que la distribution de ses matériaux le gêne, et qu'il ne connaît point encore l'art de ménager les transitions de choses comme les transitions de mots.

Nous ne savons pas non plus pourquoi il

représente Moscou (1) comme une brillante Oasis environnée de déserts. Cette notion est entièrement contraire aux renseignemens statistiques contenus dans les relations les plus récentes des voyageurs qui ont visité cette partie de la Russie; comment d'ailleurs imaginer qu'une ville de 300,000 âmes, l'ancienne capitale de l'empire moscovite, renfermant tant de palais et de richesses, et le lien du commerce asiatique et européen; comment imaginer, dis-je, qu'une si majestueuse cité ne soit environnée que d'un paysage aride, mort et inanimé?

Nous ne nous arrêterons point au tableau de l'incendie de Moscou. Ce passage, qui ne répond pas à ce qui le précède, ne pourrait d'ailleurs soutenir le parallèle avec la description de cette catastrophe, unique dans l'histoire, qu'en a faite M. le baron Larrey, chirurgien en chef de la Grande-Armée, description d'une simplicité sublime, dont l'exactitude, par la force de la vérité et par le naturel des détails, remplit l'imagination de toutes les lugubres images d'une ville en proie aux flammes, en même temps qu'elle saisit l'âme d'épouvante (2).

____

(1) *Voyez* sur l'origine et l'histoire de Moscou, la note n° II à la fin de cette dissertation.

(2) *Voyez* cette description tirée de l'ouvrage de M. le baron Larrey, et portée à la note n° III.

Et que le lecteur ne perde pas de vue que ce vaste embrasement se développait en présence et au sein même de l'armée française, qui, par des exécutions prévôtales, ne pouvait éteindre les torches parricides des incendiaires. « Napo-» léon s'en irrita, dit M. de Ségur ; il se sentait » vaincu et surpassé en détermination ; quels » hommes ! s'écria-t-il ; ce sont des Scythes ! » M. de Ségur nous le représente du haut du Kremlin, contemplant la mer de feu qui l'environnait, et pourtant ne soupçonnant point encore le danger dont il était personnellement menacé : une seule flammèche, exposée sur un seul caisson, pouvait tout faire sauter ; de chacune des étincelles qui traversaient les airs dépendait le sort de l'armée entière ; et ici M. de Ségur nous montre Napoléon se livrant à un sommeil tranquille au milieu même de cette conflagration ; il nous représente ses confidens, ses officiers, ses généraux, n'osant troubler le sommeil de leur maître, quoiqu'ils se vissent tous sur un volcan. Mais quel est donc, au milieu de cet effroyable danger, cet homme dont on ménage le repos comme celui d'un Sybarite ? C'est ce même Napoléon qui se faisait réveiller pendant la nuit, et s'arrachait souvent au calme profond d'un premier assoupissement, pour être informé plus tôt d'une simple victoire ou de l'arrivée d'un courrier porteur de dépêches de quelque importance ; il est vrai qu'il était alors dans le cours de ses heureux destins. Ne savait-il donc s'endormir que dans les angoisses de l'adversité ?

Enfin M. de Ségur nous le fait voir sortant avec précipitation du Krémlin par une poterne, courant pendant cette fuite nocturne les plus grands dangers, lui et sa vieille garde, et, dans l'épouvante de ce terrible réveil, répétant à ceux qui l'entouraient : « Ceci nous présage de grands » malheurs ! » Mais ne tenant aucun compte d'un si sublime avertissement, seulement étonné, il resta incertain, et assis sur ces immenses décombres, il rêva les délices de Capoue. Rentré au Kremlin après l'effroi du premier danger, quelles pensées y rapporte-t-il ? L'empereur Napoléon fait chercher des comédiens, recrute une troupe, réorganise un théâtre à l'instar de celui des Tuileries, et pendant que les cendres qui l'environnent fument encore, le masque de Thalie et les grelots de Momus occupent agréablement ses loisirs ; jaloux de promener à travers des ruines le décorum du pouvoir, il se complaît dans de pompeuses représentations, s'efforce d'organiser un gouvernement civil dans une ville où il n'y a point d'habitans, entremêle le luxe des czars à la pourpre impériale, rend décrets sur décrets par le vain orgueil de les dater du Krémlin, et se donne au moins pour un moment le plaisir de l'autocratie.

Nous regrettons que le général-historien n'ait pas cru devoir nous initier à tous ses secrets dans ce genre; il était à même, mieux que tout autre, de nous faire pénétrer dans l'intérieur du palais; s'il ne nous en a pas ouvert toutes les portes, c'est qu'il ne l'a pas voulu. Pouvait-il y avoir des mystères pour lui? n'était-il pas admis à toute heure auprès de la personne du maître par les fonctions de sa charge (1)? Si nous nous montrons exigeans, nous avons le droit de l'être, et ce droit, c'est M. de Ségur lui-même qui nous l'a donné, en disant : « Pour moi, je ne tairai pas ce que j'ai vu. » Nous rapportons cette phrase saillante de son livre comme garantie de la véracité de l'auteur, cependant ici il a dû voir, il a vu certainement, et il a gardé le silence. Il n'en est pas de même quant à la conduite patente de l'empereur : M. de Ségur ne le perd point de vue. Convaincu à la dernière extrémité, qu'il est temps de battre en retraite, Napoléon ne voit plus qu'une suite de revers dès son premier pas rétrograde. « Il faut persévérer, » dit-il, cela donne raison; » et trompant tout ce qui l'environne, il s'abuse lui-même. Qui le

---

(1) M. le général comte de Ségur était, en 1812, maréchal-des-logis de la maison de l'empereur.

croirait? il forme désormais son infanterie sur deux rangs, et c'est pour cacher ses pertes; si on lui en présente le tableau, il conteste les résultats. Interroge-t-il Daru son confident, et, au milieu de son trouble, lui dit-il brusquement ces deux mots : « Que faire?—Rester ici tout l'hiver, lui » répond le conseiller intrépide. —C'est un con- » seil de lion, » réplique l'homme qui ne se croit déjà plus l'homme du destin. Paris l'inquiète, le préoccupe, et domine toutes ses pensées; Paris le ramène sur la Bérézina, Paris enfin lui fait vouer son armée à la destruction.

Nous venons d'analyser et de présenter en un seul groupe les traits les plus saillans qu'offre la relation du général comte de Ségur du séjour de Napoléon à Moscou. Nous avons omis de dire pourtant qu'il eut un moment la velléité de marcher sur Saint-Pétersbourg, mais qu'il ne s'arrêta pas sur cette inspiration du désespoir. Nos observations seraient incomplètes, si nous ne donnions pas la véritable explication de ce séjour trop prolongé de Napoléon à Moscou. Ce fut le résultat d'une espèce d'idée fixe, qui le portait à regarder comme acquis à perpétuité son ascendant sur l'empereur Alexandre; c'est ce que M. de Ségur entend par cette phrase fort énigmatique : *Il nourrissait l'espoir des souvenirs de Tilsitt et d'Erfurth.* Pour qui est instruit des événemens contemporains, cette énigme s'explique. On sait assez qu'à Tilsitt et à Erfurth, Napoléon se rendit maître par des prestiges adroitement ménagés de l'esprit et de la politique du czar. Mais comment pouvait-il espérer, après avoir tant abusé de son influence dominatrice, après avoir méconnu ses engagemens, envahi l'empire de son allié, et porté la fermentation dans toute cette nation russe, comment, dis-je, pouvait-il espérer que l'empereur Alexandre se soumît encore à des actes d'humiliation et de vasselage? Ainsi toute cette expédition, qui devait décider du sort de Napoléon et de son armée, reposait sur une erreur de la vanité et une aberration de la politique. Quelle négociation, quel traité attendre encore d'un peuple et d'un gouvernement qui en brûlant et sacrifiant Moscou, avait eu le double but d'enlever au vainqueur un gage, et au vaincu un motif pour conclure la paix? Il ne restait donc plus qu'à fuir; et ce conseil de la nécessité, il n'y avait pas moyen que Napoléon se dispensât de l'entendre, car la nature, suivant M. de Ségur, le lui conseillait *de ses cent voix les plus puissantes;* figures du style de Brébœuf, et sur laquelle les jeunes lecteurs de l'historien de 1812 ne manqueront pas de s'extasier.

Du reste, Napoléon fut bien moins docile au conseil des *cent voix puissantes de la nature,* qu'il ne fut frappé d'étonnement de voir les Russes oser venir l'attaquer à Molo-Iaroslavetz, à trente lieues sud de Moscou, et après les avoir repoussés, d'être lui-même obligé de fuir les Cosaques qui avaient pris sa garde de flanc et tourné les troupes d'Eugène Beauharnais.

Je trouve quelque confusion dans le récit de l'auteur au sujet des hésitations de Napoléon, dans les premiers momens de sa retraite et de cette échauffourée de Cosaques vers Boroswk, où il faillit tomber au pouvoir de l'hetman Platow.

Ici l'étoile de Napoléon jette encore quelque lueur, au moment même où il achève de se déterminer malgré lui à un mouvement rétrograde. Kutusoff et ses quatre-vingt mille Russes se retirent à quelques marches vers le sud, c'est-à-dire que, le même jour et à la même heure, les deux armées se tournent le dos comme de concert. Je puis affirmer que les officiers-généraux russes qui ont écrit l'histoire de cette campagne, n'ont offert aucune explication satisfaisante de ce contre-sens militaire de leur général en chef, Kutusoff, le temporiseur. M. de Ségur, par inadvertance sans doute, le désigne sous le nom de *temporisateur* : ce mot n'est pas français.

Il fallut précipiter la retraite, qui, avant même l'arrivée à Smolensk, fut signalée par des cala-

mités et par des désastres ; « et cette funeste Smo-
» lensk, dit M. de Ségur, que l'armée avait crù
» le terme de ses souffrances, n'en marquait que
» les commencemens......................
» A tant de malheurs, Napoléon n'opposa qu'une
» résistance inerte. Sa figure resta la même ; il
» ne changea rien à ses habitudes...........
» Il laissa la fortune lui tout arracher plutôt
» que de sacrifier une partie pour sauver le
» reste. » Voilà des traits que les enthousiastes
de cet homme extraordinaire ne pardonneront
pas à l'historien de 1812.

Telle fut cette retraite désastreuse, déjà tant
de fois décrite, que sur cent mille combattans
sortis de Moscou, il n'en restait, après vingt-
cinq marches, que trente mille. Mais ce fut dès
lors, entre Napoléon et Kutusoff, comme un défi
continuel à qui ferait le plus de sottises. « Il est
» donc écrit là-haut, s'écria Napoléon en arrivant
» à Borisow, que nous ne ferons plus que des
» fautes ! » Mais là aussi on eût dit qu'il venait de
dicter au général russe (amiral Tchitchakoff) l'ordre de quitter les bords de la Bérézina, au moment où il avait lui-même besoin qu'on lui ouvrît
le passage pour ne pas être anéanti ; et comme
s'il lui avait écrit : « Ote-toi de là, que je passe »,
l'amiral s'en alla. Le sacrifice d'une partie de
l'armée française ne coûtait rien à Napoléon,

pourvu qu'il sauvât sa personne. Les Russes auraient pu l'écraser lui et sa faible troupe; ils n'o-
sèrent l'aborder.

Quelque faible connaissance qu'un lecteur
puisse avoir des mouvemens stratégiques et des
combinaisons militaires, comment s'empêcher
de hausser les épaules en remarquant la stupidité
russe dans cette poursuite de trois cents lieues!
L'auteur ne laisse rien à désirer à ce sujet; il peint
sous les traits les plus frappans les désastres de
la Bérézina, de Vilna, et enfin la ruine complète
de l'armée sur les hauteurs de Ponari. « Ce n'é-
» tait plus, dit-il, que l'ombre d'une armée ;
» mais c'était l'ombre de la grande-armée. » On
ne voit plus alors de ces innombrables phalanges
qui s'étaient élancées naguère sur le sol de la Russie, que des lambeaux qui se traînent çà et là,
qu'une troupe nomade, où tous les liens rompus,
tous les rangs effacés par la misère, ne laissent plus
aucun vestige de la subordination, et qui semble en un mot n'avoir plus de chef. Que dis-je?
il y en avait un encore; et ce chef, qui couvrait
l'armée du bouclier de sa valeur personnelle,
accrut sa renommée au sein même de nos revers :
Ney fut le héros de la retraite.

Avant d'en venir à l'événement du passage de
la Bérézina , M. de Ségur rapporte une circonstance d'autant plus remarquable, qu'elle doit

exciter de vifs regrets de la part des historiens contemporains. Il assure que Napoléon, se voyant à la veille d'être cerné, fit brûler tous les papiers qu'il avait rassemblés pour écrire l'histoire de sa vie, quand il s'arrêterait vainqueur, soit sur la Düna, soit sur le Borysthène, où il revenait fugitif et presque sans armée. Ici, les réflexions naissent en foule. D'abord est-il bien sûr qu'il ait jamais eu le dessein de s'arrêter? et pouvait-il s'arrêter? Selon M. de Ségur, c'eût été pour combattre l'ennui d'un long quartier d'hiver sur le Borysthène que le nouveau César y eût dicté ses mémoires. Quoi qu'il en soit de cette anecdote, jusqu'ici peu connue, nous persistons à penser que, dans aucune position et dans aucune occurrence, Napoléon n'eût écrit l'histoire de sa vie avec sincérité et franchise. Du reste, la perte de ses papiers, soit qu'on les considère comme des documens historiques, soit qu'on les regarde seulement comme des notes confidentielles, est irréparable; elle s'est fait sentir depuis par le vide de tous les écrits sortis de la plume de ses secrétaires et de ses annotateurs à Sainte-Hélène.

Enfin l'astre de Napoléon s'éclipse devant l'étoile du Nord. C'est ainsi, dit M. de Ségur, que les grandes expéditions s'écrasent sous leur propre poids. Peut-être cependant n'a-t-il manqué qu'un génie égal à la grandeur de l'entreprise. L'auteur ne tient-il donc aucun compte de tant de fautes accumulées? Il est difficile, objectera-t-on, de faire mouvoir de grandes masses à des distances si éloignées de leur climat natal; je répondrai que Napoléon n'avait pas assez étudié Gengis-Kan.

Dans la première partie de cet ouvrage, le héros de l'expédition nous paraît un véritable héros de mélodrame; dans la seconde partie, il s'efface graduellement et se perd dans la décomposition de son armée: il n'est plus qu'un des fuyards.

Telle est l'impression qui nous est restée de la lecture attentive de l'ouvrage de M. de Ségur. Ce n'était pas celle, bien probablement, qu'il s'était proposé de faire naître dans l'esprit de ses lecteurs. Nous ne voyons même pas que les fautes et les calamités de cette campagne aient affaibli le fond de son admiration pour Napoléon, qu'il décore en toute occasion du titre de génie, jusque là victorieux et infaillible. Veut-il caractériser sa puissance, il nous le représente comme ayant tenu « le grand-livre des pensions, celui » des rangs et celui de l'histoire; comme ayant » eu de quoi satisfaire tous les esprits avides; » mais aussi tous les cœurs généreux. » Comment avec de si grands moyens et un si vaste génie ne pas être resté le maître de la terre ?

Nous voici parvenus au dernier point de dis-cussion historique ; la tâche qui nous reste encore consiste à démêler et à préciser le jugement de M. de Ségur sur l'ensemble de l'expédition, ju-gement qui ressort en plusieurs endroits de sa manière de s'exprimer sur des fautes partielles, mais qu'on ne trouve point énoncé en termes assez positifs. Le paragraphe suivant, extrait de son livre, nous paraît à cet égard le plus con-cluant : « La Russie eût été conquise tout entière » sur le champ de bataille de la Moscowa ; mais » l'entreprise manquée militairement par cette » indécision, et politiquement par l'incendie de » Moscou, l'armée eût encore pu revenir saine et » sauve. » Ainsi, de l'aveu même de M. de Ségur, toute la responsabilité de ce grand revers doit donc peser sur Napoléon. En vain l'auteur a-t-il essayé, aux dépens de la santé de son héros, d'at-ténuer le reproche de n'avoir pas su profiter de la victoire de la Moscowa ; nous l'avons combattu avec l'arme de l'ironie qui convenait seule à ce mode d'apologie ; quant au vertige qui le retint quarante jours sur les débris d'un incendie, M. de Ségur n'ose point avancer en sa faveur une ombre d'excuse. Reste un troisième grief, sur lequel l'historien glisse trop légèrement, et peut-être à dessein. Comment justifier un général d'ar-mée ? bien plus, comment aurait-on pu pardonner à un homme de bon sens, qui même ne se fût jamais trouvé à la tête d'une brigade, de choisir pour ramener cent mille hommes entourés d'ennemis, pendant un trajet de près de trois cents lieues, une route qui venait d'être dévastée par nos soldats et par l'ennemi lui-même, tandis qu'à quelques lieues au sud se trouvait une route parallèle et intacte, où nos troupes dans leur retraite n'eussent pas péri presque tout entières de faim, de froid et de fatigue? Quel dut être le motif d'un choix si funeste? le besoin sans doute pour Napoléon de hâter sa fuite, de quitter plus vite un pays où tout devenait menaçant, où il s'était avancé témérairement sur les ailes de la victoire, et d'où il sortait précipitamment sur les ailes de la peur.

On doit conclure de tout ce qui précéde que les fautes de Napoléon, avouées enfin par ceux mêmes de ses généraux qui lui étaient le plus dévoués, le condamnent irrévocablement au tribunal de l'histoire. Lui-même, d'après son historien, s'était écrié : « Voilà donc ce qui arrive » quand on entasse fautes sur fautes! » exclamation qui ne lui échappait pas ici pour la première fois.

A l'égard de la possibilité de vaincre dans cette même campagne, nous avons déjà fait connaître à nos lecteurs que nous différions de l'avis de

M. de Ségur, qui penche pour l'affirmative, même en se bornant à l'emploi des moyens que Napoléon a mis en usage. Nous sommes convaincus que pour triompher il lui aurait fallu, au delà du Niémen, une autre organisation militaire, et un plan d'agression plus méthodique. Vainement M. de Ségur adresse-t-il, dans sa péroraison, à ceux de ses compagnons d'armes qui ont survécu à tant de désastres, cette espèce d'invocation solennelle : « Vous auriez pu triompher de la » Russie comme vous avez vaincu ses soldats! » Ce n'est là qu'une antithèse. L'auteur, par ces paroles, ne se montre-t-il pas en contradiction avec lui-même après avoir fait ressortir, dans cent endroits de son livre, le patriotisme et le dévoû— ment des Russes? Ne s'est-t-il pas écrié dans un autre passage : « Ce grand peuple aura son grand » siècle! » Eh quoi donc! eût-il été un grand peuple, le peuple qui, possesseur d'un aussi vaste territoire, n'aurait point su se préserver de la conquête, et se serait laissé subjuguer, non par ses voisins, qui eussent pu trouver des ressources toujours nouvelles, mais par un conquérant lointain, qui eût été obligé de traîner à sa suite, pendant trois cents lieues, tout l'attirail nécessaire à cette immense expédition ? Aussi croyons-nous fermement que le gouvernement russe, qui eût trouvé, au besoin, sa sûreté et une barrière derrière le Volga, eût pu y défier le génie conquérant de Napoléon et ses élans les plus belliqueux.

On a pu voir, par le tour de notre discussion et par les occasions nombreuses de débats historiques qui se sont présentées, quelle source immense d'instruction sur la campagne de 1812 offre l'ouvrage de M. de Ségur. On sait déjà que certaines personnes lui reprochent d'avoir trop vu et d'avoir trop dit ; quant à nous, qui recherchons avec avidité de nouveaux faits pour mieux apprécier les événemens, et de nouvelles anecdotes pour mieux connaître les hommes, nous nous plaignons ou que M. de Ségur n'a pas assez observé, ou qu'il n'a pas assez avoué.

Que M. de Ségur y prenne garde : il a dû s'apercevoir à certaines clameurs, qu'on n'écrit l'histoire contemporaine qu'en marchant sur des charbons ardens ; j'en parle avec quelque connaissance de cause. Les braves compagnons auxquels il rend si souvent hommage, lui savent déjà peu de gré d'avoir tant prodigué les épithètes de *grand*, *d'infaillible*, au chef qui compromit si gravement leur réputation militaire. Déjà, quelques-uns croient entrevoir dans les traits de vérité dont fourmille son livre, les sentences d'une condamnation historique; déjà même il se prépare des factum apologétiques, et probablement une longue suite de récriminations. Le public s'attend à avoir bientôt sous les yeux une réfutation complète de l'ouvrage de M. de Ségur; tout porte à croire que l'on ne combattra ici qu'avec les passions, et que le fanatisme d'une admiration exclusive y fera sentir son influence. Tel n'a pas été, et tel ne pouvait être le mode de notre examen, qui se serait écarté, dans ce cas, de l'indépendance et de l'impartialité dont nous faisons profession.

Quant au mérite de l'auteur comme écrivain, ce que nous en avons dit en plusieurs endroits suffirait peut-être pour ne laisser aucun doute sur ce que nous en pensons; cependant si nous offrons ici aux lecteurs quelques observations critiques sur les détails, c'est parce que de nos jours, chacun dédaignant le style simple, naturel, et surtout plein de clarté de nos grands maîtres, s'en forme un à sa guise, et trouve le moyen de le faire préconiser par les prétendus organes de l'opinion, qui ne sont trop souvent que les échos des coteries et des cercles particuliers. De là, une confusion de tous les genres, et une indécision générale sur la manière de traiter un sujet quelconque. C'est donc rendre service, aux jeunes gens surtout, que de leur apprendre à creuser ces expressions dont le vernis les séduit, et de les avertir que le clinquant peut quelquefois briller comme l'or.

Nous observons d'abord qu'on ne dit pas indistinctement, comme le fait M. de Ségur, des *traînards* ou *des traîneurs* : l'un est un mot des camps, l'autre est le mot de l'académie.

Que veut exprimer l'auteur, en disant des généraux, plus que prodigues, qu'ils prenaient tout, croyant *qu'une main lavait l'autre ?* A force de méditer sur cette étrange métaphore, on finit par deviner que l'auteur entend, que la main qui tient l'épée lave la main qui pille; mais ce serait tout au plus une main qui ferait pardonner l'autre, et cette figure est d'ailleurs si mauvaise, qu'on ne saurait rien y substituer de raisonnable. On ne peut au reste, dans le cas dont il s'agit, établir de distinction en l'honneur de la main droite ou de la main gauche, car le proverbe indique assez *qu'on prend des deux mains.*

Ailleurs M. de Ségur, en décrivant le lieu d'un combat, lui trouve *les formes prononcées d'un champ de bataille.* C'est un compliment que M. de Ségur aurait dû réserver pour les Alcides français ou pour les dames de l'Alsace.

Il est fâcheux que des taches de ce mauvais goût déparent trop souvent un ouvrage, où l'on rencontre à chaque pas des descriptions pleines de mérite, très-animées et véritablement pittoresques. Par exemple, il est probable que M. de Ségur avait encore bien présentes à l'imagination les pirouettes de l'Opéra, lorsqu'en parlant de la multitude des soldats découragés qui avaient jeté leurs armes au milieu du danger, tandis qu'un petit nombre se défendaient valeureusement, il la compare à une vile cohue qui *tourbillonne* sur elle-même.

Dans un autre passage, dont l'énergie nous a fait plus d'une fois frissonner, où l'auteur peint l'armée en proie à toutes les misères et livrée à tous les fléaux, surprise par un ouragan glacial, enveloppée par des tourbillons de neige qui effaçait la vue de tout autre objet, on se trouve à la fin désenchanté. Le tableau de cette scène, d'une tristesse si accablante, termine par cette phrase du faux genre ossianique : *Tout est neige! c'est un grand linceul dont la nature enveloppe l'armée.*

Cette dernière réflexion nous montre un historien transformé en barde, défaut qui se reproduit trop fréquemment dans le livre de M. de Ségur. Est-ce ainsi, nous le demandons, que les anciens composaient leurs livres d'histoire, et doit-on appliquer ce style vague, au récit des choses réelles? C'est mettre la poésie à la place de l'histoire; c'est en quelque sorte changer les rôles, et enfin c'est s'adresser uniquement à l'imagination, quand on ne doit parler qu'à la raison et au jugement.

Que M. de Ségur ne se rebute pourtant pas, qu'il poursuive une carrière où de véritables succès lui sont réservés, s'il a le courage de se rectifier lui-même. Le premier de tous les succès est sans doute de se faire lire, et c'est celui qu'obtient en ce moment son premier ouvrage; mais qu'il s'efforce de donner à la marche de ses plans un ordre plus didactique, plus d'égalité, de correction et de sévérité à son style; surtout qu'il évite l'emphase des mots; qu'il cesse de tant viser à l'effet, et qu'il n'ambitionne plus de créer le mélodrame dans l'histoire, comme madame de Genlis a créé l'histoire dans le roman.

FIN.

NOTES.

—

Nᵒ Iᵉʳ.

Note communiquée.

« Lorsque les préliminaires de la paix furent signés à Tilsitt, entre la Russie et la France, un adhérent intime de Napoléon offrit à son maître d'aller faire à Saint-Pétersbourg ce qui n'avait que trop réussi à Vienne. Une mission diplomatique masqua le but de son voyage, et bientôt après, ce dangereux émissaire fut en état d'expédier à Paris, sur le boulevart du Mont-Parnasse, les modèles des planches, matrices et poinçons, des billets de banque russes. Comment se serait-on méfié à Saint-Pétersbourg de ses méchans desseins ? il arrivait revêtu d'un caractère sacré, et le rameau d'olivier à la main.

Des précautions minutieuses avaient d'ailleurs été prises pour que les artistes de Paris, employés à la contrefaçon, ignorassent eux-mêmes à quelle œuvre d'infamie on prostituait leur talent. Le sieur V. et le sieur F. furent les seuls qu'on mit dans la confidence : le premier était fondeur en caractères d'imprimerie ; il recevait des artistes les lettres, chiffres et vignettes qu'ils avaient gravés, et formait ce qu'on appelle la planche. Le sieur F., imprimeur, était chargé du tirage ; il se faisait aider par un sieur C..., qui a travaillé long-temps dans ses ateliers, et par un sieur D..., qui cache maintenant son existence dans une imprimerie de Bruxelles.

En 1812, on essaya de triompher de la Russie par les mêmes armes qu'on avait employées en 1809, pour ruiner le crédit de la cour de Vienne, par l'émission de faux billets de sa banque ; mais cette fois Bonaparte fut moins heureux. La fabrication des billets russes avait présenté des difficultés imprévues ; elle s'était faite avec une lenteur dont n'avait pu s'accommoder l'impatience de son caractère. La campagne était ouverte quand il vit arriver les 28 caissons qui apportaient ces faux billets ; il n'eut pas le temps de les faire négocier ; il fut même impossible de les répandre dans les villes que traversaient les armées : elles étaient toutes désertes. Ces diverses contrariétés étaient des augures sinistres. Bonaparte, poursuivant sa marche audacieuse, atteignit Moscou : ses destinées furent dès lors accomplies. Quand il abandonna les cendres de cette nouvelle Ilion, il fit brûler les 28 caissons qui renfermaient les billets de banque.

D'après cette version, les faux billets auraient suivi l'armée jusqu'à Moscou ; selon M. de Ségur, ils se seraient arrêtés à Vilna : peu importe, le fait est historiquement constaté. Quelle source de réflexions en découle ! Il y a eu au sein de Paris un atelier organisé de faux billets des banques de Vienne, de Russie et de Londres !....

N° II.

Origine et histoire de Moscou.

Moscou n'existait point encore lorsque Rourik, le Scandinave, tige de la première dynastie russe, vint s'établir à Novogorod, et avant même la fondation de Moscou les villes de Kief, Wladimir, Novogorod et Tver, étaient déjà célèbres en Russie. Kief fut considérée long-temps comme le principal siége de l'empire russe, partagé alors en plusieurs principautés presque indépendantes, mais gouvernées par des princes du sang de Rourik. Au milieu du douzième siècle, Jouri, ou Georges Ier, monta sur le trône de Kief; ce prince ambitieux et perfide voulut tout envahir, ce qui lui fit donner le surnom de *Dolgorouki*, c'est-à-dire *aux longues mains*. Son règne fut très-agité, il fonda cependant plusieurs villes, entre autres Volodimer, sur la Kliasma, qui devint bientôt, et resta long-temps, la capitale de la Russie entière; ce fut lui qui jeta aussi les fondemens de Moscou.

Le terrain où s'éleva depuis cette nouvelle capitale était renfermé alors dans les vastes domaines d'un Russe opulent, nommé Stepen-Ivanovitch-Koutchko. Ses plus belles fermes étaient situées à l'endroit même où la Moscowa réunit ses eaux sinueuses à celles de l'Iaouza et de la Neglina : c'était une des plus heureuses situations de la Russie. Le grand prince Jouri s'y arrêta, et en fut frappé dans un de ses voyages à Volodimer. La beauté du site, ses points de vue pittoresques, l'aspect enchanteur des rivages de la Moscowa, si riches en plantes inconnues dans les contrées septentrionales de la Russie, furent autant d'aiguillons qui décidèrent Jouri à consommer la spoliation la plus inique. Il avait été choqué d'ailleurs des traits d'orgueil de Koutchko, qui, fier de sa fortune et de l'étendue de ses possessions, en faisait un vain étalage. Un délit imaginaire servit de prétexte aux accusations dirigées contre ce Russe opulent, dont le seul crime était sans doute de se trouver possesseur d'un domaine convoité par son prince. Le cruel Jouri fit rendre contre sa victime une sentence de mort, et s'empara de tous ses biens. A peine en eut-il la jouissance, qu'il fit entourer d'une enceinte de bois la partie de son nouveau domaine, qui se trouvait au confluent de la Neglina et de la Moscowa ;

on y construisit aussi des maisons également de bois, et la ville nais-
sante reçut son nom de la Moscowa, comme étant la plus considérable
des trois rivières qui arrosaient son territoire. Jouri peupla Moscou de
colons, qu'il appela de Volodimer, et de paysans qu'il tira des fermes
voisines.

Ainsi Moscou dut sa première origine à une iniquité. Jusqu'à sa
mort, Jouri montra pour cette ville une prédilection particulière ;
mais elle tomba, sous ses successeurs, dans une telle décadence, qu'il
fallut en quelque sorte la fonder une seconde fois, pour que le prince
Daniel, à qui elle échut en partage, pût l'habiter. Le terrain occupé
depuis par le Kremlin, nom tartare qui signifie forteresse, et qui
forme aujourd'hui le centre de Moscou, n'était alors qu'un bois et un
marais, au milieu duquel on voyait une petite île, n'ayant pour toute
habitation qu'une seule cabane. C'est là que Daniel fit construire des
églises, des monastères, et d'autres bâtimens qu'il environna de pa-
lissades. Il s'attacha tellement à sa nouvelle résidence, que lorsqu'il
hérita du grand-duché de Volodimer en 1304, il préféra le séjour de
Moscou à celui de sa capitale. Il agrandit, il embellit Moscou, prépa-
rant tout pour que cette ville devînt bientôt le siége de la domination
russe. Son fils Ivan en favorisa aussi les accroissemens, et Moscou,
devenue à la fois la résidence habituelle des grands princes de Russie et
du patriarche de la religion de l'état, fut bientôt reconnue pour capitale de la Russie entière. Mais jusqu'au règne de Démétrius, fils
d'Ivan Ier, Moscou ne fut bâtie qu'en bois, et n'offrit aucun monu-
ment remarquable. Ce fut Démétrius qui, le premier, fit construire
en pierres le Kremlin, ou quartier des souverains de Russie. On l'é-
leva sur une hauteur; une muraille en briques, et flanquée de tours,
l'environna ; des fossés revêtus de pierres en défendirent les appro-
ches : tous ces ouvrages s'exécutèrent en 1286, sous la direction d'un
architecte milanais, nommé Pierre Solarius.

Vasili, ou Basile II, agrandit aussi Moscou. Il réunit cette princi-
pauté à celle de Novogorod ; mais pendant qu'il étendait sa domination, Tamerlan, conduit par la victoire, parut tout à coup sur les
frontières de la Russie : c'était vers la fin du quatorzième siècle. Ce
terrible dévastateur dirigea sa marche vers Moscou, à la tête de 400
mille combattans. La terreur se répand aussitôt dans cette capitale ;
mais contre toute espérance, Tamerlan reprit tout à coup la route de
l'Asie. Les habitans de Moscou s'imaginèrent qu'un songe effrayant avait

éloigné le fier Mogol, et ils attribuèrent ce miracle à la Vierge, dont ils avaient pieusement invoqué l'image peinte par Saint-Luc. Il est donc faux que Tamerlan ait jamais pris et brûlé Moscou. Ce fait, que rapporte le seul Cheriffedin, a été répété par Petit-de-la-Croix, son traducteur; mais il est démenti par toutes les chroniques russes.

Moscou s'embellissait néanmoins : la première horloge sonnante y fut placée en 1404; les églises commençaient à s'orner, et les rues prenaient une sorte d'alignement. Mais à peine quinze années s'étaient écoulées depuis l'apparition de Tamerlan, que cette capitale fut à la veille de tomber au pouvoir d'un Tartare, qui, sous le nom de *Boulat*, régnait sur la Grande-Horde-Dorée. Il profite des dissensions qui affaiblissaient les souverains russes, et paraît à son tour, à la vue de Moscou, avec une armée de Tartares. Les habitans effrayés abandonnent la ville sans songer à leur fortune, et occupés seulement à sauver leurs jours. Des scélérats profitent du désordre, pillent les maisons et emportent les richesses, tandis qu'un petit nombre de citoyens dévoués défendent les murailles et repoussent les Tartares, qui ne revinrent point à la charge, faute de machines de guerre ; *Boulat* cependant ne leva le siége qu'après avoir frappé la ville d'une énorme contribution.

Mais dès que la Russie eut secoué entièrement le joug des Tartares, Moscou attira les regards de l'Europe, et vit paraître, pour la première fois dans ses murs, sous Ivan III, au commencement du seizième siècle, des ambassadeurs de l'empereur d'Allemagne, du pape, du sultan de Constantinople, du roi de Pologne, de la république de Venise et du roi de Danemark. Ivan signa des traités d'alliance et d'amitié avec tous ces princes. Il attira dans sa capitale, par l'espoir des récompenses, des artistes et des ouvriers italiens, musiciens, architectes, maçons, fondeurs, peintres, orfèvres, etc... Alors le palais des czars offrit une architecture plus régulière, et quelques-unes des inventions de la Grèce embellirent Moscou. De nombreuses églises et d'autres monumens s'élevèrent dans sa vaste enceinte, qui avait pris une forme circulaire, la ville s'étant agrandie tout autour du Kremlin, qui en formait le centre. Moscou, devenue accessible aux Européens, fit donner aux Russes le nom de nation moscovite; mais cette capitale avait plutôt l'aspect d'une ville d'Asie que d'une ville d'Europe : elle renfermait déjà quelques palais, il est vrai, mais beaucoup de maisons de bois, et elle offrait de grands espaces vides couverts de jardins, de bosquets, de prairies.

Sous le règne d'Ivan IV, surnommé le *Terrible,* les boutiques étaient réunies, selon l'usage asiatique, dans une même enceinte, et un incendie, en 1547, les consuma toutes avec leurs marchandises : le feu gagna même d'autres édifices. On était encore frappé de ce désastre, lorsqu'un autre incendie, plus destructeur encore, réduisit en cendres le palais des souverains et la ville presque entière ; près de deux mille personnes périrent, et tous les habitans eurent à pleurer ou des parens, ou des amis, ou leur fortune, devenus la proie des flammes. Moscou ne se releva qu'après beaucoup de troubles et de massacres. La cruauté d'Ivan-le-Terrible remplit souvent de deuil cette capitale.

En 1591, sous le règne de Boris, les Tartares de la Crimée entrèrent avec les Turcs en Russie, et portèrent le ravage jusqu'à Moscou, dont ils brûlèrent les faubourgs. Quelques années après (en 1602), la famine y fut désolante : jamais tant d'hommes n'avaient été enlevés par ce fléau ; on vit entassés jusqu'à cent vingt-sept mille cadavres dans les rues de Moscou, car la population voisine qui affluait de toutes parts pour y chercher des secours, n'y trouvait que la mort.

Après le règne de Boris, les révolutions sanglantes de l'interrègne et du faux Démétrius remplirent plus d'une fois Moscou de meurtres et de carnage. Les Polonais y dictèrent des lois.

Sous l'administration sage du premier Romanoff, Moscou, plus paisible, prospéra ; et sous le règne d'Alexis, père de Pierre-le-Grand, les boyards ou grands seigneurs, qui avaient de la fortune, furent tenus de résider dans la capitale et de paraître à la cour, politique sage qui fit fleurir Moscou, et empêcha les grands de prendre dans les provinces une autorité dangereuse. A cette époque, vers la fin du dix-septième siècle, on comptait à Moscou cinquante mille maisons, quatre cents églises, et cinq cent mille habitans.

Ce fut à Moscou que le czar Pierre apaisa deux fois la révolte des Strélitz, milice qui voulait régler l'État, et qui fut cruellement punie ; mais lorsque ce prince eut fondé Saint-Pétersbourg, et qu'il y eut établi le siége de son empire, Moscou perdit sa splendeur, et sa population diminua.

Redevenue résidence impériale sous Pierre II, Moscou reprit bientôt son ancienne prospérité ; mais ce prince ne fit que paraître. La peste en 1771, sous Catherine II, exerça d'affreux ravages dans cette seconde capitale de l'empire, surtout dans les fabriques et parmi le bas peuple : on porte à cinquante mille le nombre des victimes à cette époque.

En 1812, cette capitale, nommée par ses poètes *Moscou aux Cou-poles dorées*, était, dit M. de Ségur : « un vaste et bizarre assemblage
» de deux cent quatre-vingt-quinze églises et de quinze cents châteaux,
» avec leurs jardins et leurs dépendances. Ces palais de briques et
» leurs parcs, entremêlés de jolies maisons de bois et même de chau-
» mières, étaient dispersés sur plusieurs lieues carrées, d'un terrain
» inégal; ils se groupaient autour d'une forteresse élevée et triangu-
» laire, dont la vaste et double enceinte, d'une demi-lieue de pour-
» tour, renfermait encore l'une, plusieurs palais, plusieurs églises,
» et des espaces incultes et rocailleux ; l'autre, un vaste bazar, ville
» de marchands, où les richesses des quatre parties du monde brillaient
» réunies.

« Ces édifices, ces palais, et jusqu'aux boutiques, étaient tous cou-
» verts d'un fer poli et coloré; les églises, chacune surmontée d'une
» terrasse et de plusieurs clochers, que terminaient des globes d'or,
» puis le croissant, enfin la croix, rappelaient l'histoire de ce peuple :
» c'était l'Asie et sa religion, d'abord victorieuse, ensuite vaincue, et
» enfin le croissant de Mahomet, dominé par la croix du Christ....

« Un seul rayon de soleil faisait étinceler cette ville superbe de
» mille couleurs variées..... Si le voyageur pénétrait dans son en-
» ceinte, il reconnaissait aux nobles les usages, les mœurs, les diffé-
» rens langages de l'Europe moderne, et la riche et légère élégance de
» ses vêtemens. Il regardait avec surprise le luxe et la forme asia-
» tique des marchands, les costumes grecs du peuple, et leurs longues
» barbes. Dans les édifices, la même variété le frappait.

« Enfin, quand il observait la grandeur et la magnificence de tant
» de palais, les richesses dont ils étaient ornés, le luxe des équipages,
» cette multitude d'esclaves et de serviteurs empressés, et l'éclat de
» ces spectacles magnifiques, le fracas de ces festins, de ces fêtes, de
» ces joies somptueuses qui sans cesse y retentissaient, il se croyait
» transporté au milieu d'une ville de rois, dans un rendez-vous de
» souverains, venus, avec leurs usages, leurs mœurs et leur suite, de
» toutes les parties du monde.

« Ce n'étaient pourtant que des sujets, mais des sujets riches,
» puissans; des grands orgueilleux d'une noblesse antique, forte de
» leur nombre, de leur réunion, d'un lien général de parenté pen-
» dant des siècles de durée de cette capitale. C'étaient des seigneurs,
» fiers de leur existence, au milieu de leurs vastes possessions; car le

» territoire presque entier du gouvernement de Moscou leur appar-
» tient, et ils y règnent sur un million de serfs. Enfin c'étaient des
» nobles s'appuyant, avec un orgueil patriotique et religieux, *sur le*
» *berceau et le tombeau de leur noblesse ;* car c'est ainsi qu'ils
» appellent Moscou. »

N° III.

Incendie de Moscou.

Voici la description de l'incendie de Moscou, faite par le baron Larrey, témoin oculaire et chirurgien en chef de la Grande-Armée : elle est tirée de ses mémoires de la chirurgie militaire, ouvrage peu répandu parmi les gens du monde, à cause de sa nature technique et scientifique. Le baron Larrey suivait l'armée, qui s'était mise en marche pour Moscou, après la bataille de la Moscowa ou de Borodino.

« Le 14 septembre au soir, nous arrivâmes, dit-il, dans l'un des faubourgs de Moscou ; nous y apprîmes que l'armée russe, à son passage dans la ville, avait entraîné avec elle tous les citoyens et les fonctionnaires publics ; il n'était resté que quelques gens du bas peuple et de la domesticité, en sorte qu'en parcourant les rues de cette grande cité, où nous entrâmes le lendemain au matin, nous ne rencontrâmes presque personne : toutes les maisons étaient entièrement abandonnées. Mais ce qui nous surprit beaucoup, ce fut de voir le feu se manifester dans plusieurs quartiers éloignés, où aucun de nos soldats n'avait encore paru, et particulièrement dans le bazar du Kremlin, bâtiment très-vaste, garni de portiques qui ont quelque ressemblance avec ceux du Palais-Royal, à Paris.

D'après ce que nous avions vu sur notre passage, en traversant la petite Russie, nous restâmes étonnés de la grandeur de Moscou, du grand nombre d'églises et de palais qu'elle renfermait, de la belle architecture de ses édifices, de la distribution commode des maisons principales, de la richesse de l'ameublement et de tous les objets de luxe que l'on trouvait dans la plupart. Les rues sont généralement spacieuses, régulières et bien percées. Rien ne semblait être en discordance dans cette vaste cité : tout annonçait son opulence et le commerce immense qu'elle faisait des produits des quatre parties du monde.

La construction variée des palais, des maisons et des églises, ajoutait infiniment à la beauté de la ville. Il y avait des quartiers qui, par le genre d'architecture des différens édifices, indiquaient par quelles nations en général ils étaient habités. Ainsi on distinguait facilement le quartier des Francs, celui des Chinois ou Indiens, celui des Allemands. Le Kremlin pouvait être considéré comme la citadelle de Moscou ; il est au centre de la ville, sur un promontoire assez élevé, entouré d'une muraille à créneaux, flanquée de distance en distance par des tours armées de canons. Le bazar, ordinairement rempli de marchandises de l'Inde et de fourrures précieuses, était déjà la proie des flammes, et l'on ne put profiter que des objets qui avaient été emmagasinés dans les caves, où les soldats pénétrèrent après l'incendie, qui consuma presque tout l'extérieur de ce bel édifice. Le palais des empereurs, celui du sénat, les archives, l'arsenal et deux temples fort anciens, occupent le reste du Kremlin. Ces divers monumens d'une riche architecture, se présentent majestueusement autour de la place d'armes. On s'imagine être transporté sur la place publique de l'antique Athènes, où l'on admirait d'un côté l'aréopage et le temple de Minerve, de l'autre l'académie et l'arsenal. Entre les deux temples s'élève une tour cylindrique, en forme de colonne, désignée sous le nom de la tour d'Yvan ; c'est plutôt un minaret égyptien, dans l'intérieur duquel on a suspendu plusieurs cloches de diverses grandeurs. Au pied de cette tour, on en voit une qui est d'une grosseur prodigieuse, dont il est parlé par tous les historiens..

Du haut de la tour, on découvre toute la ville et ses environs ; elle se dessine sous la forme d'une étoile à quatre branches bifurquées. Les couleurs variées des toits des maisons, l'or et l'argent qui recouvrent les dômes et les chapiteaux des clochers, dont le nombre est considérable, donnent à cette cité l'aspect le plus pittoresque...

A peine avions-nous pris possession de la ville, et étions-nous parvenus, par nos efforts, à éteindre le feu que les Russes avaient allumé dans les plus beaux quartiers, que, par suite de deux causes majeures, l'incendie, se renouvelant d'une manière plus vive, se propagea rapidement d'une section de la ville à l'autre, et embrasa toute la cité.

La première de ces causes est justement rapportée à la volonté, bien prononcée, d'une certaine classe de Russes, que l'on dit être les individus détenus dans les prisons, dont les portes avaient été ouvertes au départ de l'armée : ces misérables excités, soit par un ordre supérieur, soit par un mouvement spontané, dans la vue sans doute d'exercer le pillage, se portaient, aux yeux de tout le monde, d'un

palais à l'autre, ou d'une maison à une autre, pour y mettre le feu.
Les patrouilles françaises, quoique nombreuses et fréquentes, n'a-
vaient pu les en empêcher. J'ai vu prendre plusieurs de ces misérables
sur le fait ; on avait saisi dans leurs mains des mèches allumées et des
matières combustibles. La peine de mort, appliquée à ceux qu'on
prenait en flagrant délit, ne faisait nulle impression sur les autres ;
et l'incendie continua trois jours et trois nuits sans interruption. En
vain nos soldats coupèrent les maisons pour l'arrêter ; la flamme
franchissait bientôt les espaces, et en un clin-d'œil les bâtimens ainsi
isolés étaient embrasés. La deuxième cause devait être attribuée aux
vents impétueux de l'équinoxe, toujours très-forts dans ces contrées,
et à la faveur desquels le feu croissait et se déployait avec une activité
extraordinaire.

Il serait difficile, dans quelque circonstance que ce soit, d'avoir
un tableau plus horrible que celui qui affligeait nos regards. Ce fut
surtout pendant la nuit du 18 au 19 septembre, époque où l'incendie
était au plus haut degré, que ces efforts offraient un spectacle éton-
nant : le temps était beau et sec, les vents n'ayant cessé de régner de
l'est au nord ou du nord à l'est. Pendant cette nuit, dont l'image
effrayante restera toujours gravée dans mon souvenir, toute la cité
était embrasée ; des gerbes épaisses de flammes, de couleurs variées,
s'élevaient de toutes parts jusqu'aux nues, et couvraient en entier
l'horizon, portant au loin une lumière éclatante et une chaleur brû-
lante. Ces gerbes de feu projetées dans tous les sens, et entraînées par
la violence des vents, étaient accompagnées, dans leur ascension et
dans leur marche rapide, par un sifflement épouvantable et par des
détonations foudroyantes, résultat de la combustion des poudres, du
salpêtre, des huiles, résines et eaux-de-vie, dont la plupart des
maisons et des boutiques étaient remplies. Les plaques de tôle ver-
nissée, qui recouvraient les bâtimens, se détachaient brusquement par
l'effet de la chaleur et allaient jaillir au loin. Des portions très-consi-
dérables de poutres ou de solives de sapins enflammées, lancées à de
très-grandes distances, servaient à propager l'incendie jusqu'aux maisons que l'on croyait les moins exposées à cause de leur éloignement.
L'épouvante et la terreur avaient frappé tout le monde. La garde, le
quartier-général et le chef de l'armée quittèrent le Kremlin et la
cité, et allèrent établir un camp à Pétrowski, château de Pierre-le-
Grand, sur la route de Pétersbourg : je restai avec un très-petit

nombre de mes camarades dans une maison bâtie en pierre, isolée, et située au sommet du quartier franc, près du Kremlin : je pus facilement observer de là tous les phénomènes de cet épouvantable embrasement. Nous avions envoyé nos équipages au camp, étant toujours sur le qui-vive, pour parer aux événemens ou pour les prévenir.

Les hommes du bas peuple qui étaient restés dans Moscou, pourchassés d'une maison à l'autre par l'incendie, jetaient des cris lamentables; très-jaloux de sauver ce qu'ils avaient de plus précieux, ils se chargeaient de ballots qu'ils avaient peine à porter, et que souvent on les voyait abandonner pour se soustraire aux flammes. Les femmes, conduites par un sentiment d'humanité bien naturel, emportaient un ou deux enfans sur leurs épaules, traînaient les autres par la main; et, pour échapper à la mort qui les menaçait de toutes parts, couraient, les jupes retroussées, se réfugier dans les recoins des rues et des places; mais l'activité du feu les forçait bientôt d'abandonner cet asile et de fuir précipitamment sans pouvoir quelquefois sortir de cette espèce de labyrinthe, où plusieurs d'entre elles trouvèrent une fin malheureuse. J'ai vu des vieillards, dont la longue barbe avait été atteinte par les flammes, traînés sur de petits chariots par leurs propres enfans, qui s'empressaient de les enlever de ce véritable Tartare.

Quant à nos soldats, tourmentés par la faim et la soif, ils bravaient tous les dangers pour ravir, du fond des caves et boutiques embrasées, les comestibles, les vins, les liqueurs et autres objets plus ou moins utiles. On les voyait courir dans les rues, pêle-mêle avec les habitans désespérés, emportant tout ce qu'ils avaient pu arracher aux ravages de cet affreux incendie. Enfin, en huit ou dix jours cette immense et superbe cité fut réduite en cendres, à l'exception du Kremlin, de quelques grandes maisons et de toutes les églises : ces édifices sont bâtis en pierre.

Cette calamité jeta l'armée dans une grande consternation, et nous présagea de plus grands malheurs. Nous crûmes tous ne pouvoir plus trouver ni subsistance, ni étoffe, ni les autres objets nécessaires à l'habillement des troupes, et dont on avait le plus pressant besoin. Quelle idée plus sinistre pouvait se présenter à notre imagination ! Cependant le quartier-général vint après l'incendie s'établir de nouveau au Kremlin, et la garde se logea dans quelques maisons du quartier franc qui avaient été épargnées. Chacun reprit l'exercice de ses fonctions.

On découvrit, à force de recherches, des magasins de farine, de viande, de poisson salé, d'huile, d'eau-de-vie, de vins et de liqueurs. On en fit quelques distributions aux soldats; mais on voulut beaucoup trop épargner ou emmagasiner; et cet excès de prévoyance, qui n'est quelquefois qu'un prétexte, conduisit à brûler par la suite, ou à laisser dans ces magasins, des denrées de tout genre, dont on aurait pu tirer les plus grands avantages, et qui auraient même suffi aux besoins de l'armée, pendant plus de six mois, si l'on fût resté à Moscou. Il en fut ainsi, principalement pour les étoffes et les fourrures, qu'on aurait dû s'empresser de faire confectionner de manière à fournir à nos troupes tous les vêtemens capables de les préserver, le plus possible, de la rigueur du froid auquel il fallait s'attendre. De leur côté, les soldats, qui ne songent jamais à l'avenir, loin de suppléer, pour leurs intérêts, à ce défaut de précaution, ne s'occupaient qu'à recueillir les vins, les liqueurs, les matières d'or et d'argent, et méprisaient tous le reste.

Cette abondance inattendue, qu'ils devaient à leurs infatigables recherches, altéra la discipline de l'armée et la santé des hommes intempérans. Ce seul motif aurait dû nous faire presser notre départ pour la Pologne. Moscou devint pour nos troupes une nouvelle Capoue. Les chefs de l'armée ennemie entretenaient les nôtres dans des espérances de paix; les préliminaires devaient être signés d'un jour à l'autre. Cependant, des nuées de Cosaques couvraient nos cantonnemens et nous enlevaient tous les jours un grand nombre de fourrageurs. Le général Kutusof rassemblait les débris de son armée et la fortifiait des recrues qu'il recevait de toutes parts. Insensiblement, et sous divers prétextes de pacification, ses avant-gardes se rapprochèrent des nôtres. Enfin le terme des négociations était arrivé, et c'est au moment où l'ambassadeur français devait obtenir une première décision, que le corps d'armée du prince Joachim fut enveloppé. Notre général-ambassadeur put à peine franchir les obstacles qu'il rencontra pour se rendre à Moscou. Déjà plusieurs portions de nos troupes et quelques pièces de canon avaient été enlevées. Néanmoins, les divers corps de cette avant-garde, d'abord dispersés, se rallient, rompent la colonne russe qui les cernait, prennent une position favorable, et s'élancent tour à tour sur la cavalerie nombreuse de l'ennemi, qu'ils repoussent avec force en reprenant une partie des pièces d'artillerie et des soldats faits prisonniers dans la première attaque. Enfin, l'arrivée du général Lauriston et des blessés nous confirma au quartier-général la reprise des hostilités. Des ordres sont aussitôt donnés pour le départ subit de l'armée : la générale se fait entendre; tous les corps se disposent à exécuter ce mouvement précipité. On se hâte de faire quelques provisions, et l'on se met en marche dans la journée du 19 octobre. »

On ne lira probablement pas non plus sans intérêt ce que Napoléon, à Sainte-Hélène, a dit sur le même sujet : « Jamais, en dépit de la » poésie, toutes les fictions de l'incendie de Troie n'égalèrent la réalité » de celui de Moscou. La ville était de bois; le vent était violent; » toutes les pompes avaient été enlevées; c'était littéralement un » océan de feu. Rien n'en avait été soustrait, tant notre marche » avait été rapide et notre entrée soudaine. Nous trouvâmes jusqu'à » des diamans sur la toilette des femmes, tant elles avaient fui avec » précipitation. La population était loin d'avoir comploté cet attentat. » C'est même elle qui nous livra les trois ou quatre cents malfaiteurs » échappés des prisons qui l'avaient exécuté. »

Napoléon, selon l'auteur du *Mémorial*, s'arrêtait beaucoup dans ses conversations sur Moscou, qui l'avait fort étonné sous tous les rapports; il regardait cette ville comme pouvant supporter le parallèle avec toutes les capitales de l'Europe. Ses clochers dorés avaient surtout frappé ses regards, et c'est ce qui le porta lors de son retour à faire redorer le dôme des Invalides; il se proposait d'appliquer cet embellissement à beaucoup d'autres édifices de Paris.

FIN DES NOTES.

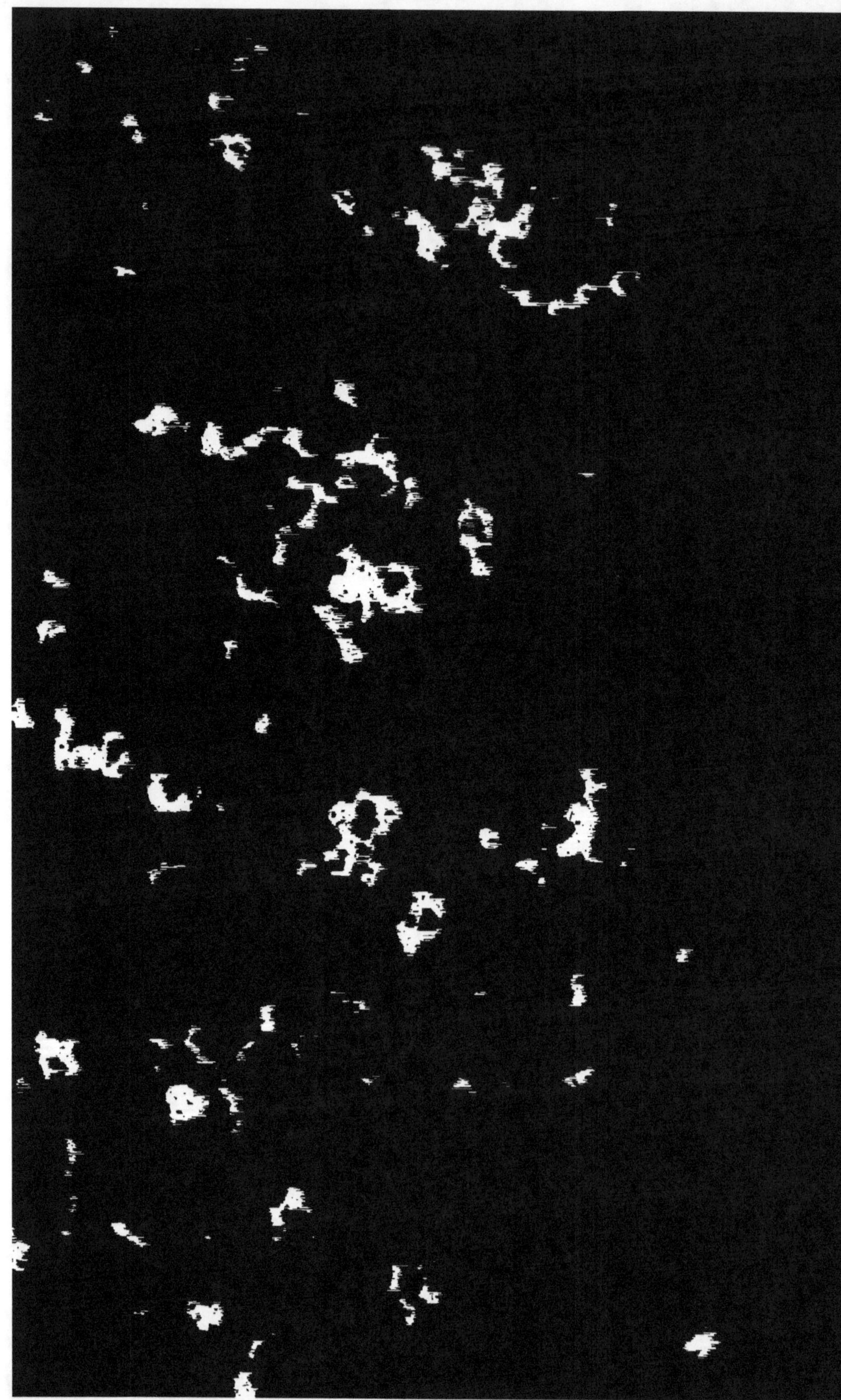